日本の教育と歩む

銭谷眞美

目次

本書は秋田魁新報の聞き書き連載「シリーズ時代を語る」（二〇二三年五月二十九日～七月九日）を一冊にまとめたものです。一部を加筆・修正しました。

（聞き手＝大石卓見）

日本の教育と歩む

■秋田で育った日々

国会答弁、成長の糧に

平成二十一（二〇〇九）年まで文部科学省に三十六年余り勤め、令和四（二〇二二）年まで東京国立博物館の館長でした。いまは新国立劇場運営財団の理事長をしています。

文科省時代は教育行政に携わり、学習指導要領の改定や教育基本法などの法改正に関わりました。仕事は常にチームで取り組んできました。最後に事務方トップの事務次官に就けたのは、上司や仲間に恵まれたおかげです。

文科省の頃は本当に忙しかったです。特に国会開会中は、日中は国会の委員会審議や審議会の会議、夜は翌日の国会答弁の作成をしていました。繁忙を極めた頃は仕事が終わるのが明け方という日が続きました。

国会の委員会は議案や請願などを細かく審査する場です。委員である議員の質問には基本的に大臣が答弁するのですが、官僚も政府参考人として説明できます。私も何度も答弁に立ちました。

発言は議事録に残りますから緊張しますね。何十年もたってから引用されることもあります。議員から「あのときにこういう答弁をしているが、今はどうなっているのか」「以前の答弁と相反する」といった指摘もあります。ですから間違ったことは言えません。

先輩に「答弁というのは、やります、やりません、検討しますの三通りしかない」と言う人がいました。極論ですけどね。でも、最終的な答えが三通りしかないとしても、どう答えるのかは慎重に判断しなければなりません。

運営財団理事長を務める新国立劇場で＝令和5(2023)年5月11日

12 国会で議員の質問に答えるのは、議員を通じて国民の思いに答えることになります。責任は重いです。大変緊張しましたし、いい勉強になりました。自分を鍛え、育ててくれたと思っています。

大所帯、毎日にぎやか

銭谷家は秋田市土崎港で「銭谷工業所」などいろいろな事業を手がけ、戦前から製油所に労働者を派遣したり、金属関係の工場を経営したりしていました。私が生まれた昭和二十四（一九四九）年の頃には、祖父の小太郎が「秋田ドラム工業」を起こしてドラム缶製造も行っていました。工場は多いときに百二十～三十人が働いていました。

家族関係は少し変わっていて祖父母（小太郎、勝江）と、両親（象二郎、藤子）の年齢が十五歳ぐらいしか離れていません。両親はどちらも銭谷家の養子です。

大川村（現五城目町）島崎家出身の母藤子は子どもの頃に父親を亡くしました。一男三女の四人きょうだいの次女だったこともあり、高等小学校在学中におばに当たる勝江が嫁いだ銭谷家に引き取られて育ちました。二十年八月には土崎空襲に遭いましたが、難を逃れました。後に「あれほど怖いことはない。庭先に遺体が次々運ばれてきて、気の毒で見ていられなかった」と振り返っていました。母は戒名に「慈愛院」と付けていただいたほど優しい愛情深い方で、誰からも慕われていました。

父象二郎は飯島村（現秋田市）渡辺家出身。第二次世界大戦では学徒出陣して満州に派遣されました。砲兵でしたが、幸いにして戦闘の機会はなかったようです。大戦末期には本土決戦のため日本に戻ってきました。その途中、輸送船三隻のうち二隻が対馬海峡で撃沈されました。それでも父の船は爆撃を逃れ、たどり着いた山口県で終戦を迎えました。

その後、母とお見合いして結婚。銭谷家の養子となったわけです。父はス

2歳のころ、米軍の工場視察時に祖父小太郎（前列右）に抱えられて。後列左は父象二郎

ポーツマンで、とても学問好きで、書斎で読書や音楽に親しんでいました。私のきょうだいは姉美根子と弟秋生《あきお》、妹牧子の三人。祖父母は私たち孫をとてもかわいがってくれました。

自宅は工場に隣接していたので十五部屋ぐらいありました。曽祖母や祖父母、工場の独身の従業員、お手伝いさんも一緒に暮らしていました。晩ご飯は大勢で食べるので、とにかくにぎやか。みんなで大笑いしながら食べました。工場は残業が多くて、夜十時ぐらいまでドラム缶を何百本と作っていましたね。

「ベビー野球」に夢中

土崎幼稚園を卒園して昭和三十一（一九五六）年に港北小学校に入りました。松、竹、梅、桜、桃、菊の六学級があり、一、二年は菊組で高橋恒雄先生が担任、三年からは桃組で小林一彦先生が担任でした。ともに子どもをかわいがる本当にいい先生。学校が楽しかったですね。

自宅は本がたくさんあり、子ども向けの文学全集もありました。師範学校を出た父は勉強に関して厳しく、雨が降っても、やりが降っても学校に行けという人でした。母は本当に優しく、私は怒られた覚えがありません。「勉強しろ」と言われたこともありませんでした。

小学校時代はよく読書をしましたが、それ以上に夢中になったのが野球です。放課後はよく練習しました。私は投手や内野手でした。

　当時、土崎地区には「ベビー野球」がありました。スポーツ少年団の先駆けみたいなものです。春と秋には土崎中学校のグラウンドでトーナメント方式の大会がありました。チームを登録すれば参加でき、土崎の三つの小学校から二十チーム以上が出ていたと思います。

　相染町《そうぜんまち》には伝統のある「相染ジャイアンツ」があり、後に甲子園に行く同級の工藤真悟君がエースでした。ユニホームのないチームもいっぱいありました。私は「青空」とか「少年ホエールズ」とか、いろいろなチームに入っていました。

　六年生の秋にはクラス単独で「荒鷲」というチームを結成してベビー野球に臨みました。私は投手

小学3年の頃に家族と（左端）

で出ましたが、コントロールが定まらず、すぐに交代。試合も残念ながら一回戦で負けてしまいました。

でも終わった後、母がクラス分のカレーライスを作ってくれていたので、みんなで集まってうちの大広間で食べたのを覚えています。あれは楽しかったですね。それと「巨人、大鵬、卵焼き」の時代ですから相撲も好きでした。一気の寄りを見せる柏戸のファンでした。今でも野球と相撲は大好きです。

附中合格も〝お叱り〟

昭和三十七（一九六二）年に秋田大学附属中学校に入学しました。当時の入試は今と随分と違いました。まず筆記試験では定員の倍ぐらいの人が一次合格となります。結果は校舎の外に張り出されて、合格した人は教室に入りました。

そして今度は抽選です。いわゆるガラポンをグルグルと回して番号が出て、全員が終わったら合格番号が黒板に張り出されました。私は三番。プロ野球の巨人で活躍していた長嶋茂雄さんの背番号と同じなので、「これはいいんじゃないか」と思っていました。

番号が発表されると三番がありました。合格した人はみんな、キャッキャと大喜びです。落ちた人はうなだれて親と一緒に帰って行きました。

その後、校長先生から合格者に向けたあいさつがありました。当時の校長は秋田大学学芸学部（現教育文化学部）教授の藤島主殿《とのも》先生。その時の言葉がいまだに忘れられません。一言一句が正確ではありませんが、第一声で「君たちには失望した」と言うんです。えっ、おめでとうじゃないのかと思いました。そして続けました。

「さっきの騒ぎはなんだ。そんなに附中に入るのがうれしいのか。これまで一緒に勉強をしてきて、抽選で落ちた子もいるんだよ。そういう人を思いやる気持ちが君たちにはないのか。四月には違う君たちになって入学してくることを期待している」

こういうあいさつでした。いや、やられたな、すごいなと思いましたよ、本当に。人によって受け取り方はいろいろあったと思うんですけど、私が受けたのは、とにかくお祝いの言葉というよりお叱りの言葉。でも、そうなんだなって思いました。

秋大附中は毎週月曜日に朝礼で校長先生からのお

秋大附中1年、校門前で

話がありました。この入学の一件があったので、私は藤島先生が何をお話しするのか、すごく楽しみにしていました。

社会部で地域を研究

秋田大附属中学校には土崎港からバスで通いました。当時は外旭川とか泉の方に行くと田んぼが多くて、よく途中でバスを降りて、のんびりと歩いて行きました。気持ちが良かったんです。だから遅刻もしていました。日によっては二時間目まで。

部活は小学校で打ち込んだ野球ではなく、地域研究をする社会部に入りました。顧問の森谷裕二《もりやゆうじ》先生が教える社会科の授業がとても面白かったのが決め手でした。最初の授業では世界地図の一筆書きを教わったのを覚えています。

部は秋田市を中心に地域の歴史や産業を調べる活動を行い、夏休みには「巡検」に出かけました。六郷町（現美郷《みさと》町）を自転車で回ったときは、扇状地の扇端部に水が湧いていたので六郷の地形の特徴がよく分かりました。清水はサイダーや日本酒造りに生かされていました。

中学三年の時だと思いますが、秋田大で開かれた研究発表会に出ました。私たちは秋田市の郊外で、どこが住宅地として今後発達するか調べたのです。地価や交通の便、周りの環境から、ここならいい住宅地として売れるんじゃないか、栄えるんじゃないかと考察をまとめました。不動産業の仕事のような研究でした。発表会に出たのは数チームでしたが、一番高い評価を受けました。

秋田高校に進んでからも社会部に入って地域の特徴を探りました。秋田市内では道端にある石碑を調査したことがあって、秋田魁新報社にも〝取材〟に行きました。高校生は怖いもの知ら

高校2年、巡検で旧山内村へ

ずですからね。確か文化部長にお話を伺ったと思います。

夏休みは公民館やお寺に泊まり込んで巡検をしました。一年の頃は雄和村（現秋田市）、二年は山内村《さんないむら》（現横手市）、三年は十和田湖周辺を回りました。各地域にある歴史や文化、風俗、習慣は興味深かったですね。部は「南暁《なんぎょう》」という部誌を出していて、調べたことを中心に載せました。

「汝、何のためにそこにありや」に衝撃

子どもの頃から先生との出会いに恵まれたと思います。秋田高校一、二年時の校長が、あの鈴木健次郎先生でした。

同じ秋田市土崎港出身の鈴木先生は、文部省（現文部科学省）で社会教育に尽力され、福岡県教育委員会の社会教育課長などを経て昭和三十八（一九六三）年に秋田高に来られました。教員の経験はありませんが、当時の小畑勇二郎知事の要請を受けて就任したということです。

校長在任中、生徒たちに述べた名文句があります。「諸君らはいつ、いかなる時に、誰からでも『汝《なんじ》、何のためにそこにありや』と問われても、たちどころに答えの出せる自覚的な生活をしてほしい」

この言葉に感銘を受けた生徒や先生は多く、私も衝撃を受けました。校内では盛んに使われて、当時の秋田高生の合言葉のようになっていました。やはりみんな身が引き締まったと思います。私の在学中には野球部が甲子園ベスト四、ラグビー部も花園ベスト四。剣道部が全国優勝。とりわけ運動部が素晴らしい成績を収めていました。

二年の夏休みに各クラスから数人の代表が参加する合宿があり、私も出席しました。鈴木先生もおられ、私たちに「自由と規律」（池田潔著、

公民館運動の父

鈴木健次郎　その晩年 1

日本の青年運動や公民館活動に大きな足跡を残し、「公民館運動の父」とも呼ばれた秋田市土崎港出身の鈴木健次郎。晩年は故郷に戻り、秋田高校の校長や県青年会館理事長などを歴任した。県連合青年会の故田口清克元会長は、晩年の鈴木のそばで活動し、その業績をまとめた書籍の編集にも携わった。昨年十月に秋田市で開かれた東北地区公民館大会で、鈴木の功績について講演する予定だったが、大会の日を迎えることなく、昨年六月に他界した。田口元会

校長退任

愛着断ち信念を貫く

校内外に留任願う声

の任期が終わろうとしていた。鈴木の定年が三月に迫っていることが急に話題となり、期せずして校内外や同窓会から退職を惜しみ、一部で留任を願う声が上がった。時の教頭が「留任運動をご存じですか」と尋ねたものの、鈴木は「知っているが、人は引き際が大切だ」と述べた。退任の意思は固かった。

しかし上京した時、長男の康一と二人で酒を酌み交わしながら、当時の心境を吐露している姿からは人間らしさがうかがえる。目に涙を浮かべ、「なあ、康一」と語るのだ。「おれは生徒から離れたくないよ」。康一は「だったら、お世話になっている知事さん（小畑勇二郎）にでも頼んだらどうなのよ」と言いつつも、そういうことのできる人間だったら、もっと違う道を歩いていたかもしれないとも思ったという。

「いや、それはできない。学校に迷惑は掛けられない。

秋田高校長時代の鈴木健次郎

当時教頭を務めた中山健
は、鈴木との別れの日を共
著「鈴木健次郎の生涯」（鈴

「汝、何のためにそこにありや」を引用して在校生に自主自立の自覚ある生活を

あらためて要望した上で、「私は秋田高校を愛するゆえに、諸君一人ひとりの努力により秋田高校が発展することを希望する」と述べたのである。退場の際は、期せずして万雷の拍手がわき起こった。鈴木はステージを降りて、会場の真ん中の通路を歩いた。両手を高々と上げて拍手に応える姿

いうので
ことをな
うな、む
れた顔を
た。

◇

小畑は
耳にして
会のこと
相談があ
年に傷を
っとやっ
る」と考
待とは、
であり、
人づくり

すずき・けんじろう　1907年秋田市土崎港生まれ。70年、63歳で死去。東京帝国大学法学部を卒業

会長兼事
館初代理
たぐち
34年、

鈴木健次郎さんの晩年を紹介する平成21（2009）年4月15日付秋田魁新報

岩波新書）を読むよう勧められました。

本には、英国では学校の教員となり、優れた青少年を育てることが名誉とありました。その内容や鈴木先生の教育の考え方から、教育というのはとても大切な仕事だなと思いました。

鈴木先生は四十二年に定年退職されましたが、離任の際に「汝―」の名文句に続いて「私は秋田高校を愛するゆえに、諸君一人一人の努力により秋田高校が発展することを希望する」と述べて拍手喝采を浴びました。

翌年の私たちの卒業記念品は、鈴木先生の離任あいさつを収録したソノシート。薄い簡易型のレコードです。それは今も大切に保管しています。

同期生、多彩な顔触れ

秋田高校時代、私はたまたま三年D組で学級委員長をしていました。クラスメートからは「委員長」と呼ばれ、卒業後もそのまま、あだ名のようにからかって呼ぶ人もいます。

個性的で優秀な人がそろっていました。顔触れを紹介すると、元広島高裁長官の西岡清一郎君、元名古屋高裁部総括判事の長門栄吉君、東京で弁護士をする菅野庄一君、中央大学教授になり「昭和天皇実録」の編集に携わった佐藤元英君がいます。

前の席には寒風社長の菅原廣悦君、港北小一年から同じ高井博君。県庁や銀行など秋田で活躍した方もたくさんいます。

みんなは変わったことをするのが好きでした。合唱コンクールはクラスごとに自由に選曲ができ、私たちは「同期の桜」にしました。戦後だというのに軍歌を歌って、周りからはえらいひんしゅくを買いました。

文化祭ではデコレーションというクラス対抗で美術作品を作るイベントがありました。自分たちの思いを形にして表現します。私たちは「人間の価値」という哲学的な題で、オオカミに襲われた人間みたいな作品を作りました。これが最優秀に選ばれました。個性派ぞろいでしたが、何かやるときにはよくまとまるクラスでした。

ちなみに違うクラスには中学からの友人の進藤孝生君（日本製鉄会長などを歴任）、衆院議員の金田勝年君、剣道全国優勝の前沢孝司君がいます。多彩な顔触れの同期会「43会」の会長は故後藤一君（元三松堂社長）が長く務め、今は竹谷繁君（竹谷本店社長）です。

文化祭で3年D組の作品が最優秀に（右から2人目）

私は今、秋高同窓会の会長をしていますが、令和五（二〇二三）年に創立百五十周年を迎えました。記念の「百五十年史」とともに刊行した「新先蹤録《しんせんしょうろく》」の編さんに当たってくれたのが同期の畠山茂君、武藤冨士雄君です。

高校卒業後はみんなさまざまな道に進み、私は教育を進路に考えました。校長だった鈴木健次郎先生の影響もありますし、父からのアドバイスもありました。父は一時教員をしていて「教育は国の根幹をなすものだ」と重要性を話してくれました。

入試は私立大学は合格しましたが、国立は駄目でした。進むなら国立という思いがあったので浪人すると決め、仙台市の予備校に通うことにしました。

元級友、事件の犠牲に

予備校時代は下宿先でいい仲間と出会い、楽しくやっていました。秋田高校の一年先輩の田村信次さん、同期の吹浦仁君、青森高校出身の出町茂さんなどとは、下宿先でよく夜を徹して議論しました。生涯の友と呼べる方々です。

ただ当時は各地の大学で運営などを巡って大学当局と学生が対立していました。私は成績が上がってきたので東大受験を検討していましたが、昭和四十三（一九六八）年から、学生らが本郷キャンパスの安田講堂を占拠する「安田講堂事件」がありました。四十四年の入試は中止になってしまい、がっかりしました。

結局、東北大教育学部に合格して入学しました。学生運動はやはり盛んで、学内ではストライキや試験のボイコットがよくありました。同級生には学生運動をする人もいましたが、私は参加しませんでした。

戦争経験者で哲学が好きな父は自由や民主主義とは何かを考える人でした。「自由な発想は大事だが、民主主義は即自己主張ではない」とよく話していました。私も物事は暴力に訴えず話し合いで決めるのが大事だと思っていたので、ストライキとかゲバ棒を持って襲いかかるやり方は賛同できませんでした。

大学四年になる春休み、帰省していた実家に警察官が来ました。高校三年時のクラスメートの行方を調べていました。同じクラスの人も多くが聞かれたようです。

〈昭和四十七年二月、連合赤軍のメンバーが人質を取って長野県軽井沢

連合赤軍 軽井沢で抵抗

主婦人質に銃撃戦

機動隊員二人が負傷

議長

連合赤軍の立てこもり事件を報じる昭和47年2月20日付秋田魁新報

町の保養施設「あさま山荘」に立てこもる事件が発生。解決後、メンバーが意に沿わない同志をリンチして殺害していたことが発覚した〉

殺害された一人が三年D組のクラスメートだったんです。驚きました。彼は頭脳明晰《めいせき》で容姿端麗。クラス活動に一生懸命で理論家でもありました。高校卒業後はよく分かりません。どうしてこんなことになったんだろう──。非常に優秀だったので残念な思いでいっぱいでした。

■社会への一歩

出版、新聞、就職悩む

東北大学では教育行政や教育哲学、学校管理を学びました。スイスの教育者ペスタロッチの研究で知られた前原寿先生が指導教官でした。助手の先生の研究室が学生のたまり場になっていて、そこに對馬達雄先生（元秋田大副学長）などの助手、大学院生の方々がおられ、お薦めの本や研究の仕方を教えてもらいました。

私は教職には向かない気がしていました。家庭教師をやったことがあるのですが、根気よく教えるのが大変でした。随分苦労した記憶があります。仙台市の中学校では教育実習もしましたが、なかなか難しいなと思いました。ですから教員免許は取得していません。

四年時は大学院に進んで学者になるか、就職するか、就職するなら役所がいいのか、昔から好きだった出版とか、新聞の方がいいのかと随分悩みました。出版社、新聞社、国家公務員の試験はいずれも合格して、最終的には公務員試験後に内定を得た文部省（現文部科学省）に入ることを決めました。

学校は社会生活の第一歩を踏み出す場です。保護者以外の大人が勉強を教えてくれて、家族以外のたくさんの子どもたちと一緒に過ごすことになります。そこで人間関係を築き経験を積み、学んでいくのはすごく大事なことです。

私は小学校から大学まで素晴らしい先生に出会えました。人が人を教えるのは大変な仕事で、秋田高校の校長を務めた鈴木健次郎先生のような立派な先生を、行政側から育てられないかと思いました。

長男の私は家業のドラム缶製造会社のことも

大学2年の帰省時に家族と（前列右）

気になっていました。ただ、父は自分の進路は自分で決めろというタイプの人で「会社の方は気にすることはないから」と言ってくれました。その言葉に甘え、文部省に行くことを決めました。母には「いつ秋田に戻ってくる？」と言われ続けました。

職場の長い夜に驚き

昭和四十八（一九七三）年に文部省（現文部科学省）に入りました。配属された大学学術局国際学術課は日本と外国の共同研究を担当する部署です。職員は十五人ぐらいと小規模でした。課内には南極観測隊を担当する国際学術第二係がありましたが、私は南極観測を除く学術交流全般を担当する第一係に所属しました。

第一係は、日本の大学が気候変動や水資源、宇宙といった国際的な共同研究に参加する際に予算措置をしたり、大学の先生が国際的な研究集会に出席する経費の助成をしたりするのが主な仕事でした。国の新しい研究組織が発足するとなれば、法令の規定作りも担いました。

国連や国連教育科学文化機関（ユネスコ）などの国際会議では科学者の地位や学術協定に

関する案件もあり、主に外務省との連携が欠かせませんでした。

入省したときは、いろいろと驚くことがありました。まずは初日、人事課に言われた通り午後六時に退勤しようとしたら、上司から「何で帰るんだ。仕事はこれからだ」と言われました。まあ、それは冗談でしたけど。それから各省合同の新人研修を経て職場に就くと、国会開会中とあって仕事が終わるのが遅かったですね。

日中は国会や学術審議会、測地学審議会の会議があって、そこで対応すべき案件が生じた場合の協議は、みんながそろう夜でなければできませんでした。翌日に国会の文教委員会の審議があるときは、所管業務に質問が及ぶかもしれないので質問事項が分かるまで待機します。この待機時間が長いんです。課によってはマージャンをしている人たちがいました。

東京・霞が関の文部科学省

いやはや何という職場かと思いました。

今はそんな人はいないですし、働き方も改革されつつあります。でも当時は構造的に長時間労働が避けられないところがあって、大学時代の友人と飲みに行く約束をしても、その通りにはいきませんでした。三鷹市の宿舎に帰ると午前二時、三時という日も結構ありました。

予算折衝〝お祭り騒ぎ〟

国の予算編成は大変な仕事です。私が文部省（現文部科学省）に入った頃、各省は次年度に必要な予算を概算要求として毎年八月末に大蔵省（現財務省）に提出。査定を経て十二月二十日ごろに一次内示を受けました。

予算内示は概算要求より削減されているので、ここから「復活要求」をします。段階的に一次復活、二次復活、さらに大臣折衝と続きます。最後は与党三役と大蔵省の間で協議してまとめ、政府が次年度予算の概算を閣議決定する流れでした。

内示から閣議決定までは約一週間です。内示日には先輩から「これから忙しくなるから、今のうちに風呂に行こう」と言われ、新橋周辺の風呂屋に連れて行かれました。ついでに晩ご飯を食べて戻ってきました。

内示後の勤務時間はめちゃくちゃです。優先して確保したい予算について「○○時までに復活要求案を作れ」と言われて深夜でも書類を準備しました。大体は事前に用意していて、提出後は再び結果を待ちました。

学術研究の関係者、特に国際的なプロジェクト研究に参加している大学の先生方には予算が付くかどうかは非常に大事なことです。われわれも結果を連絡しなければいけません。みんな省に泊まり込んで復活要求に臨みました。閣議決定までは本当にお祭り騒ぎのようでした。

私は国際学術課に二年いましたが、国会答弁の原案作成や法令整備・通達、予算編成など役所で行われる一通りの仕事を経験しました。仕事では人と会って話を聞き、自分の考えを伝え、各種文案を作りました。

49年度予算案 大蔵原案を内示

異常事態で抑制型

復活折衝の難航は必至

49年度予算大蔵省原案

一般会計	17兆994億円（49年度当初比19.7%の増）
財投計画	7兆7745億円（同 12.3%の増）

福田蔵相

公害出資だけ

財投計画、軒並み大ナタ

入省1年目の予算内示を伝える昭和48（1973）年12月22日付秋田魁新報

そこでは聞く、話す、読む、書くの言語能力、国語力は非常に大事だと思いました。物事を整理して考えるときは高校、大学までに習った各教科の知識や見方、考え方が役に立ちました。物事を歴史的に見る、科学的に考える、芸術的な視点から見つめ直すといったことです。教育行政の仕事に就き、学校教育の大切さを改めて実感しました。

「十五の春」泣かせるな

昭和五十（一九七五）年に公立学校施設の整備を担う管理局助成課に異動しました。学校建設の対応で忙しい部署でした。

学校が急増した時期は過去に何度かあります。まずは第二次世界大戦直後です。教育制度が新しくなって義務教育段階の学校として中学が誕生し、校舎が必要になりました。次が昭和二十年代末から三十年代。第一次ベビーブーム世代が小中学校に入るため、設置が進められました。

助成課では毎年五月一日現在の学校数、生徒数、校舎面積を調べて施設基本台帳を作成していました。それを基に都道府県ごとに今後どれぐらいの学校の校舎が必要になるのか聴き取り、整備計画を立てました。

五十年当時は高度経済成長で発展した関東や関西、中京地区に人口の流入が進んでいました。大都市部では子どもの数が急激に膨らみ、小中学校の校舎が足りなくなっていました。

小中学校は義務教育ですから不足する校舎は建てなければなりません。文部省（現文部科学省）は法律に基づき、学校設置者となる市区町村に建設費の半分を補助していましたが、建設のペースを上げるため、特例として用地購入費の補助も始めていました。

そうした中、新たに浮上してきた課題がありました。高校の不足です。かつて四割ほどだった高校進学率は、既に九割に及んでいました。五十年ごろの高校数は公立、私立を合わせて四千校台後半。第二次ベビーブーム世代が高校生になった場合、ある大学の先生は「あと千校は必要になる」と試算していました。

昭和50年ごろ、秋田県立図書館で受験勉強に励む中学生たち

高校は義務教育ではないので、新増設の補助制度がありませんでした。建設費は設置者の都道府県が負担しなければならなかったのです。自治体の費用負担もさることながら、受け皿がないばかりに、大量の中学生浪人が生じる可能性も問題となっていました。「十五の春を泣かせるな」です。

急務だった高校新設

第二次ベビーブーム世代の高校進学に備え、文部省（現文部科学省）では高校新増設の対応を求める声が上がっていました。私はある日、管理局長の今村武俊さんに呼び出され、「高校新設増設の補助制度を作りたい」と切り出されました。

ただ大蔵省（現財務省）からは「高校は義務教育じゃないのに、なぜ新増設の補助の必要があるのか。私立もあるのに、公立で全部対応するのは無理だ」と指摘を受ける可能性がありました。今村さんにはこれらを踏まえて「新補助制度案を考えてほしい」と命じられました。

今村さんは、よくこうやって若手に案を出させたそうです。私が一生懸命に考えた原案を提出すると、後から「これでいくぞ」と赤字のたくさん入った修正案を持ってきました。

新制度創設と予算獲得に向け、助成課内にはプロジェクトチームができました。制度設計や大蔵省への概算要求、国会議員への説明、全国の自治体や教育委員会への説明をみんなで取り組むことになったのです。

実は昭和三十年代に第一次ベビーブームで高校が増えました。ですが、波が過ぎて子どもが減ると、バタバタと高校が廃校になった経緯があります。第二次ベビーブームへの対応は過去の反省を踏まえて考えました。

高校設置者の都道府県に建設費を補助する要件を設けることにしました。主に▽高校を新設しなければ管内の進学率が下がる恐れがある▽既存の高校に空き教室がなく、定員も埋まっている▽管内の公立と私立の割合を保つ—です。国の補助率は原則三分の一としま

高校新設が急務だった昭和50年代。県内では男鹿工業高の建設も進められた

した。

大蔵省からは無事了解が得られ、年末には昭和五十一（一九七六）年度予算案に盛り込まれることが内定しました。内示のときは課内全員が拍手をして喜びました。チームで仕事をする醍醐味《だいごみ》を知りました。高校は平成になる頃までに五百校近く増えました。ただ、その後の子どもの減り方は想像以上でした。

用心された初デート

文部省（現文部科学省）の助成課は毎年、公立学校の五月一日時点の生徒数や校舎面積などのデータを月末までに集め、施設基本台帳を作る仕事がありました。集計は大変な作業なのでそろばんの得意な五、六人をアルバイトに雇い、六月から七月にかけて作業を手伝ってもらっていました。

当時は新聞に広告を載せて募集すると、百人ぐらいから履歴書が寄せられていたと思います。私が助成課にいた昭和五十（一九七五）年も、採用された人たちが課長の元へあいさつに来ました。その中に、とてもかわいらしい人がいました。

妻の静子です。彼女は亀有にある鉄工所のお嬢さんで私の三歳下。服飾の専門学校を卒業して仕事を探していたところ、アルバイトの募集を見つけたそうです。

助成課にいる期間は約二カ月と決まっていて、作業が終われば、手伝いが必要な文部省内の他の部署に移ることになっていました。ちょうどその頃に初デートを申し込んでみました。

夜に食事に行く約束をして、待ち合わせた庁舎出口にいると、同じアルバイトの仲間を連れて来たんです。「えっ、何で連れて来るんだよ」と言った覚えがあります。まあ、仕方がないので三人で食事に行きました。後で妻に聞いたら「私は用心深いの」って言ってましたけどね。

でもそれから交際することになり、翌五十一年十一月に結婚しました。私はこのとき大臣官房の総務課審議班に異動になっていて、住まいも三鷹市の独身向けから、目黒区の家族向けの公務員宿舎に移りました。

昭和50年、交際時の妻静子(左)と

やがて長男が生まれると、日曜は乳母車に乗せて近くの世田谷公園に行きました。同じ宿舎に住む文部省の先輩や同僚も乳母車を押して来ていました。天気のいい日曜の午前中は、公園に集合という感じになっていましたね。

■日本の教育を見つめて

法案、不備ないか審査

昭和五十一（一九七六）年に異動した総務課審議班は国会に提出する法令の審査や省議、局長会議、筆頭課長会議、施策の総合調整のほか、国会対応、陳情対応、大臣・次官の秘書的業務などを担いました。文部省（現文部科学省）の中枢の部署で、政府全体の動きや社会の変化がよく分かりました。

この頃は社会の変革期だったと思います。昭和二十年代は戦後復興を頑張り、三十年代に大変な経済成長を遂げ、四十年代には公害や大学紛争といった成長の歪《ゆが》みのようなものが出てきました。五十年代も経済成長は続いていましたが、今のままでいいのかという雰囲気があった気がします。

学校は知識の詰め込みと言われた教育から、ゆとりのある教育へと転換しようとしていました。そうした中、審査を担当した一つに放送大学学園法案があります。広く国民に大学教育の機会を提供するため、テレビやラジオを通じて学習できる通信制大学を設置するものでした。

非常に画期的な施策ですが、「放送大学学園」という新法人をつくる大がかりな法案です。そもそも大学名に地名や学問分野ではなく、「放送」という教育方法を用いるのは適切なのかという議論もありました。法案に不備がないよう担当部署と協議し、放送局免許の許認可権を持つ郵政省（現総務省）の協力も得て実現にこぎ着けました。

一方、外国人を国立大学の教員に任用できる法律は後に実現しますが、私が審査を担当したときは法案提出まで至りませんでした。「外国人が国家公務員になれるのか」「公立小中学校に外国人の教員を雇

放送大学は各地に開設。県内でも入学者の集いが行われてきた＝平成10（1998）年

えるのかという問題も生じる」などいろいろな指摘や課題がありました。

法案を作るときは、関連省庁を交えた協議を必ずします。ここで出る意見の調整が結構大変でした。それぞれの主張には行き過ぎたところもありました。後の省庁再編につながった一面もあると思います。

指導要領に「ゆとり」

昭和五十二（一九七七）年に小学校の学習指導要領が全面的に改定されました。それまでの教育は入試や就職を重視した知識詰め込み型だと言われましたが、ゆとりのある充実した学校生活を実現させるため、授業時間や学習内容が削減されました。道徳教育や体育を充実させて、「知・徳・体」の調和の取れた教育を目指した点も特徴です。

指導要領は五十五年四月から実施されることとなり、私はその前年、小学校教育全般を担当する初等中等教育局小学校教育課に移りました。指導要領の大幅な見直しでしたから、全国の先生方に趣旨を理解してもらうため北海道や東北といったブロック単位で説明会を行いました。

実施されてからは授業をやってみてどうだったかを話し合う運営改善講座があり、現場の先生の意見は勉強になりました。

学校図書館も担当しました。教育ではやはり本を読み調べ、自分で考える学習が大事です。言葉は生活、学習の基本となります。各教育委員会には学校図書館の充実、文部省（現文部科学省）の財務課には学校図書館に対応できる事務職員の増員をお願いしました。ただ、こちらは予算面もあって、あまり目立った成果は出せませんでした。

小学校教育課には差別問題を訴える民間団体がたびたび訪ねてきました。出身国や居住地域によって差別を受ける子どもがいたので、教育の在り方を巡って意見交換をしました。改めて道徳や人権教育の重要性を感じる機会となりました。

五十六年七月ごろ、三重県教育委員会の方が来

昭和52年、遊具で遊ぶ子どもたち。この年、小学校の学習指導要領が改定された

て「今度、指導課長が代わることになって、後任に銭谷さんの名前が挙がっています。よろしくお願いします」と言われました。私はまだ上司から何も言われていなかったのですが――。少しして八月一日付で三重に出向する内示がありました。全国的に中学や高校で校内暴力が深刻化してきた時期でした。

校内暴力問題に奔走

昭和五十六（一九八一）年八月に文部省（現文部科学省）から出向して三重県教育委員会指導課長に就きました。三重県のある中学校では前年、多数の生徒が教師に暴力を振るう事件がありました。警察官が出動して取り押さえ、全国ニュースとしても報じられたのです。

対教師や生徒間の暴力は、中学から高校へ広がっていきました。多感な時期に学校生活や友人関係への不満などが暴力になって表れていたのでしょう。三重に赴任したときは、やはり問題を抱えた学校が幾つかありました。

三重県教委である日、私は指導の難しい高校の校長先生から学校の現状報告を受けていました。校長先生は非常に優秀で、生徒指導の強化を期待されて着任した方でした。その説明のさなかに緊急の連絡が入りました。高校で生徒が先生を池に放り込んだというのです。校長先生は大急ぎで戻りました。

県議会はこの事案を問題視して、地方自治法百条に基づく調査特別委員会「百条委員会」を設置しようという意見もありました。最終的には文教警察の常任委員会が臨時に開かれることになりました。

高校には指導課から私や高校担当の指導主事が行き、手分けして先生一人一人からヒアリングをしました。最近の高校の様子や生徒と先生、高校と地

昭和54年に秋田市の実家で家族と(右)。三重県には家族で転居した

域の関係などを聞きました。すると、生徒に対する先生の日頃の態度や、先生同士の意思疎通に課題が見えてきました。

指導主事が高校の先生たちに「現状をどう思っているのか。あなたはどうしたいのか」と問うと、「校長が代わっても何も変わらないよ」と言う人もいれば、「今の校長の下で教員も反省して頑張らないといけない」と言う人もいました。

先生たちには「教職員が一致団結しなければ」と話すとともに、「教育委員会も応援するから」と伝えました。

暴力問題、解決へ一丸

三重県教育委員会に出向した昭和五十年代半ばは中学、高校の校内暴力が大変な時期でした。いじめや不登校の問題も浮かび上がっていました。

県議会の一般質問では校内暴力やいじめなど生徒指導の問題がよく取り上げられ、議員の皆さんから「抜本的な対策が必要ではないか」「県教委は何をやっているのか」と厳しい指摘がありました。本会議では教育長が答弁に立ちますが、常任委員会では指導課長の私も説明に当たりました。

やはり学校の問題は生徒指導担当の先生に任せるのではなく、教職員や保護者、地域、教育委員会が一体となって臨むことが大切です。県教委としては生徒指導の予算をしっかり取るほか、教員の確保や、ＰＴＡの理解と協力を得た対策に取り組みました。

問題が多い学校では先生が頻繁に家庭訪問を行い、夜は生徒の補導に当たっていました。先生が生徒とご飯を食べながら「どうしたんだ」と話を聞くこともあります。本当に毎日が大変です。ですから配置する先生を増員し、先生の交通費や生徒指導に充てられる学校予算も増やしました。当時の田川亮三知事は予算編成で随分配慮してくれたと思います。

また、研修会などを通じ、教職員が一致協力して生徒指導に当たる大切さを伝え、地域の皆さんや警察と連携して青少年健全育成運動を行う体制づくりも進めました。大人がみんな一生懸命に子どもたちのことを考えているんだよと伝われば、変わっていくはずだと思いました。

三重県の教育関係者と(左)

中学は義務教育ですが、高校は問題行動を起こした生徒を停学、退学処分にすることもできます。でも学校は生徒が全員卒業できるように指導するのが基本だと思います。

生徒が先生を池に放り込む事案が発生した高校は、やがて落ち着きを取り戻し、今では産学連携や進路指導の優れた取り組みをする学校として紹介されるようになりました。三重県の皆さんの努力のたまものです。

三重出身、琴風を応援

三重県教育委員会に出向していた頃、大相撲で三重県津市出身の琴風（現尾車親方）が大関として活躍していました。同じ指導課に琴風が中学のときに担任だった指導主事の先生がいたので、みんなで応援しました。

琴風は子どもの頃から学業成績、品行ともに良く、とても評判が良かったそうです。中学の途中から相撲界に入り、三重県ではとても人気のある力士でした。

名古屋場所があると、私たちは三重から応援に行きました。琴風が所属する佐渡ケ嶽部屋の宿舎まで行って朝稽古を見たり、場所の取組で声援を送ったりしました。会うと非常に礼儀の正しい人でした。彼は関脇まで昇進してから大けがをして、幕下まで落ちたのにカムバックして大関になりました。そういう物語もあるので応援には力が入りました。

琴風は引退して尾車親方となり、尾車部屋をつくりました。私は三重から東京に戻った後も休日には時々、部屋を訪ねて、熱烈な尾車親方ファンと一緒になって稽古を見ました。弟子には北秋田市出身の豪風（現押尾川親方）がいました。

尾車親方は巡業先で転んで体が動かなくなり、また必死にリハビリして動けるようになりました。そういう大きな試練を乗り越えてきたのです。彼は「人生8勝7敗　最後に勝てばよい」という本を書いてますが、やはり七転び八起きです。諦めない姿勢はすごいですね。

尾車親方は子どもたちに相撲を指導したい思いが強くありました。あるとき、「相撲は礼に始まり礼に終わる。日本の伝統的な武道ですから、作法をき

弟子の豪風（左）の入幕を喜ぶ尾車親方＝平成15（2003）年2月

ちんと学んで相撲を取るのは、子どもの成長にとてもいいんじゃないか。学校に土俵があるといいんだけどな」と話していたのを覚えています。

尾車親方は令和四（二〇二二）年定年を迎え、部屋を閉じました。十一月に尾車親方に感謝をする会を東京で開いて関係者で慰労しました。

臨教審設置に揺れる

三重県では次男が生まれ、妻の両親の出身地ということもあり、第二の故郷のように思えました。昭和五十八（一九八三）年十二月に文部省（現文部科学省）に戻るとき、指導課の皆さんに送別会を開いてもらいましたが、私はあいさつの途中に二年四カ月の思いがこみ上げて何も言えなくなりました。

妻は津駅のホームで大勢の見送りの方々とあいさつをしながら、大粒の涙を流していました。後に三男も生まれますが、三重の皆さんは私たち一家と家族のように接してくれて、交流は今も続いています。

文部省では初等中等教育局中学校課で課長補佐に就きました。三重県で経験した校内暴力やいじめ、不登校問題の担当となりました。

五十八年は都内の中学で対教師暴力におびえた先生がナイフで生徒を刺す事件、横浜では中学生らが路上生活者を集団で襲撃する事件がありました。問題行動は校内にとどまらない状況となり、全国的に大変な時期でした。

同時に文部省全体で話題となっていたのが、教育改革を議論する総理直轄の諮問機関「臨時教育審議会」をつくるかどうかです。第二次世界大戦直後には、総理の下に戦後教育の基本方針を決める「教育刷新委員会」がありましたが、その後は教育を議論する場は文部大臣の諮問機関「中央教育審議会」でした。

当時の総理大臣、中曽根康弘さんは自ら教育と向き合い、改革したいと考えていたようです。

三重県の教育関係者らと（前列中央）

十二月末の内閣改造で森喜朗さんが文部大臣として初入閣すると話が具体化したのです。

臨教審設置法案は五十九年の国会に出すことになりました。文部省内では設置を「いいのではないか」と言う人もいましたが、「教育は文部省の仕事」と否定的な意見もありました。事務次官の佐野文一郎さんは法案を出す準備を進めましたが、次官ＯＢには「佐野はけしからん」と言う人もいたと聞くので大変な立場だったと思います。

教育の〝常識〟議題に

教育基本法の改正を視野に入れていた総理大臣の中曽根康弘さんは、直轄の臨時教育審議会をつくり「教育問題を根本から議論する」という考えでした。ですが反対意見もあり、昭和五十九（一九八四）年の国会に提出した臨教審設置法案には「教育基本法の精神にのっとり」という文言が入りました。これは基本法は改正しないことを意味します。

それでも実際に臨教審が設置されると議論は多角的に行われました。メンバーには教育関係者だけでなく、医学や経済など幅広い分野の人が入り、それまで教育界では当たり前だと思っていたことも協議したのです。

その一つが通学区域です。中学校課の私は、臨教審の初等中等教育の改革を話し合う部会に出席しました。公立の場合、通う小中学校は子どもの住む場所によって決まります。

それが、通学区域に関係なく学校を選択できるよう、自由化してはどうかと提案がありました。

海外事情を調べるため私は、三週間近くかけてフランス、イギリス、ドイツ、オーストリアを回りました。各国とも基本的に通学区域が決まっていて、国によっては交通の便や親の勤め先、きょうだいの通学先などを考慮して違う学区に通えるようにする弾力的な運用がされていました。それを報告書にまとめました。

私は三重県での経験や海外の調査を通して、公立小中学校は地域の学校という概念が大事だと感じました。地域が学校を育てる、学校が地域の中心にある、だから地域の子どもはその学校へ行く。地域社会の形成にも通学区域は必要だと思います。

臨教審はさまざまな議論を経て、六十二年

昭和58年、秋田市で演説する中曽根首相。在任中は教育改革への意欲も示した

に最終答申をしました。教育には不易と流行があることを前提に▽個性の重視▽生涯学習社会への移行▽国際化・情報化など社会の変化への対応—が大事との内容が示されました。その考えは、後の施策に生かされています。

いじめの件数を調査

三重県での経験を踏まえ、中学校課ではいじめや校内暴力、不登校対策として、学校向けのチェックリストを作りました。クラスや学年で問題があった場合、他のクラスや学年も情報を共有し、サポートできる態勢が取られているかなどを点検してもらうことにしたのです。

「生き地獄だ」と自ら命を絶つ子ども、先生が生徒と一緒になっていじめに加担する――。こうした問題は国会で質問されることも多く、文部省（現文部科学省）は昭和六十（一九八五）年度に初めていじめの件数調査を行うことになりました。ただ、言葉や暴力、長期にわたって無視を続けるなど、さまざまな形があります。

文部省の検討会で座長を務めていた心理学者の間宮武さんに相談すると、「あまり定義にこだわらなくてもいいのではないか」とアドバイスがありました。それと「現象面に踊らされず、学校生活をどうしていくのかを考えた方がいい」とも指摘されました。

定義を明示せずに調査した六十年度は、全国の小中高で約十五万五千件ものいじめが確認されました。六十一年度には学校が事実確認したものを一つの定義としました。実態を踏まえて変更していき、その後は児童生徒の立場からいじめを把握するようになり、認知件数は増える傾向にあります。

一方、子どもたちが前向きになれる事業が必要ということから「自然教室」を始めました。これは三泊四日以上の長期集団宿泊活動をする学校に国が補助金を出す事業です。修学旅行とは別に、少年自然の家や青年の家といった施設に泊まり、みんなで野外活動や料理、学習会、話し

いじめ十五万五千件
中学は発生率六八%も
文部省 いじめ・体罰で実態調査

文部省が初めて実施したいじめの調査結果を報じる昭和61年2月22日付秋田魁新報

合いをできるようにしました。参加してくれる学校が多く、中には一週間かけて取り組むケースもありました。

子どもたちの集団宿泊に活用できるよう、廃校舎を宿泊施設に改装する補助金も設けたのですが、こちらはあまり需要がなかったようです。

中退者、国際化対応も

昭和六十（一九八五）年十一月に高等学校課の課長補佐になりました。高校はいじめや校内暴力のほか、中途退学者が増えて問題になっていました。公立、私立を合わせ年約十万人に及んでいたのです。

追跡調査をすると、別の高校に入った人が結構いました。思ったよりも問題行動や経済的な理由による中退が少ない。むしろ勉強に付いていけない、校風が合わないことが理由でした。

高校は中学より専門性の高い学習をするため、生徒の学力差が開きやすくなります。勉強に付いていけなくなり、分からない授業を受け続けるのはつらいことです。中学の学習が身に付いていない場合も少なくありません。そこで高校の学習指導要領では、生徒の実態に応じて、義務教育課程の学習機会を設けるよう示すことにしました。

中退後には学校に通わない人もいます。行き場がないと社会から見捨てられた感じを持つと思うので、高校にはサポートを求めました。また、生徒が卒業できるよう一人一人に即した指導をするようにも伝えました。

一方、六十年代に入り、社会の国際化が進展。学校教育の対応も必要になり、外国人を招き、外国語教育の充実や地域の国際交流を一層進めることにしました。文部省（現文部科学省）、自治省（現総務省）、外務省が協力して六十二年度に始めたのがジェットプログラム（外国青年招致事業）です。

私を含め三省でアメリカやカナダなどに事業の説

中退者対策などに取り組んだ高等学校課の課長補佐時代

明に回り、大使館を通じて募集したところ、たくさんの応募がありました。アメリカからは七十、八十歳の人もいて、私たちは「外国青年」の招致事業だと説明しましたが、アメリカは「年齢で就職を差別してはいけない」と主張。実際には結構年配の方も来日しました。

事業は好評で六十二年度は八百四十八人、ピーク時は約六千二百人が来日しました。今も外国語指導助手（ＡＬＴ）を中心に五千人以上が活動しています。

■昭和に別れを告げる

衝撃の上海列車事故

　高等学校課では忘れられない出来事があります。昭和六十三（一九八八）年三月二十四日、修学旅行で中国・上海を訪れていた高知学芸高校の生徒や先生が列車衝突事故に遭い、二十八人が犠牲になったのです。亡くなった方は本当に気の毒でした。

　私はこの日、国会の会期中だったので夜も仕事で文部省（現文部科学省）にいました。もう勤務を終えようかと思っていたところ、衝撃的な事故のニュースが入ってきました。

　まず最初にしなければならなかったのが安否確認です。犠牲者がいるということで誰が亡くなったのか、外務省などのルートから情報を集めました。刻々と死者が増え、翌朝には中国に外務省の政務次官と文部省の審議官、高知には初等中等教育局の企画官が派遣されました。

亡くなった方のご遺体はどのように運ぶのか、無事だった生徒や先生をどう帰国させるのか。対応することはたくさんありました。

一方、事故の速報後、文部省の記者クラブには各社の記者さんが次々と集まってきました。このときは上司の課長や初等中等教育局長が外出中だったので、課長補佐の私が何度か記者クラブに行き、死亡が確認された方の人数やお名前などを説明しました。

記者さんたちもいろいろな情報のってがあります。それを基に聞かれましたが、確認が取れていない情報は伝えられません。情報が遅いとお叱りも受けました。

文部省はこの年の初め、高校生の修学旅行について海外も選択肢の一つであると通知し、留意事項を示したばかりでした。社

家族の祈り むなし
上海の修学旅行列車事故
刻々増える犠牲者
おえつ、泣き声、ため息

上海列車事故を伝える昭和63年3月25日付秋田魁新報

会は国際化が進み、前年にはジェットプログラム（外国青年招致事業）も始まっていたためです。

事故後には中国側との補償に関する交渉もあり、各高校には海外への修学旅行の注意事項をより丁寧に示しました。

「昭和」の終わり実感

昭和六十三（一九八八）年六月に大臣官房総務課副長に就きました。副長は総務、人事、会計の官房三課にのみあるポストで総務課全体の調整役です。文部省（現文部科学省）の各担当部署から提出される国会答弁のチェックや省内調整、各省折衝などを担いました。毎日忙しく、夜遅くまで仕事をしていました。

当時、総務課は緊張感に包まれていました。六十三年夏以降は昭和天皇がご病気で下血されたと連日報道されました。天皇陛下にもしものことがあったとき、文部省としての対応を想定しなければならなかったのです。この頃、緊急の連絡手段はポケベルです。どこに行くにしても必ず持っていました。

天皇陛下がお亡くなりになり、新しい天皇陛下がご即位されれば、文部大臣がそのことを文部大臣謹話という形で全国の学校や教育文化関係機関に伝えます。これを基に各学校の校長先生は児童生徒に伝えるため、内容の検討が必要でした。

大正天皇の当時を調べると、お亡くなりになってから国全体で三日間は歌舞音曲は自粛していました。弔旗を掲げることや、学校を休みとするかどうかも連絡しなければなりませんでした。

〈昭和天皇は昭和六十四年一月七日午前六時三十三分に崩御〉

私は前日、仕事が終わるのが相当遅かったのですが、なぜか朝は早く目が覚めました。すると何となく外がざわざわしていて、公務員宿舎の近くでは警察が一斉に動き出しているのが分かりました。文

昭和天皇の崩御を受け、黙とうをささげる本県職員＝県正庁

部省からも連絡があってすぐに駆け付けました。そして局長以上の方が集まって省議を開き、文部大臣謹話を確認し、大臣の西岡武夫さんの決裁を得て発出しました。

七日午後には元号が「昭和」から「平成」に変わることが当時の官房長官、小渕恵三さんから発表されました。一つの時代の終わりを実感しました。私は三十代最後の年になっていました。

疑惑で元上司を聴取

総務課副長を務めていた頃に新しい天皇陛下のご即位がありました。この時期、もう一つ忘れられない出来事があります。リクルート社から政官財界に値上がり確実な未公開株が配られた「リクルート事件」です。

昭和六十三（一九八八）年のある日の夜、私は当時官房長の加戸守行さんと総務課長の佐藤禎一さんに「ちょっと付き合ってくれ」と言われました。向かったのは都内のホテルです。

官房長、総務課長、副長の三人で動くというのは、よくあることではありません。向かった先にいたのは元事務次官の高石邦男さんでした。官房長は「高石さんがリクルート社から未公開株を譲り受けたとの情報があるが…」と伝え、事情を聴かせてもらうことにしました。私は記録係です。

高石さんは「妻がやったことだ」という説明でした。報道される前だったので、私たちからは「取材が来た場合にはどう対応をするのか、よくお考えになった方がいいですよ」と伝えて別れました。

それから間もなく報道があり、高石さんはマスコミにも「妻がやったこと」と話しました。

高石さんは衆院選に出る準備で地元福岡に戻りましたが、私はもう一度事情を聴くために出張しました。高石さんは私が総務課審議班係長のときの課長、中学校課長補佐のときの初等中等教育局長です。元部下と上司なのでよく知っているわけです。高石さんは「君が来たのか」という感じでした。

総務課副長時代。元上司の事情聴取にも当たった

高石さんの件については文部大臣が国会で答弁しなければならないので、私も「聞いておくべき事柄は聞かせていただきます」とお願いしました。説明は以前と変わりませんでしたが、すぐに一転しました。

〈高石元次官は国会の証人喚問を控えた昭和六十三年十一月十八日、記者会見で「妻がやったこと」との説明を修正。株譲渡の関知を認めた〉

文部省捜索迎え入れ

平成元（一九八九）年三月二十八日、リクルート事件で文部省（現文部科学省）の元事務次官、高石邦男さんが収賄容疑で東京地検特捜部に逮捕されました。それから間もなく、東京地検から文部省を家宅捜索すると連絡が入りました。

家宅捜索に来たのは五十人ぐらいだったと思います。文部省の入り口で私たち総務課が迎え入れ、代表の方を当時大臣の西岡武夫さんが待つ三階の大臣室まで案内しました。周りにはマスコミの方もたくさんいて、もみくちゃになりながら行きました。大臣に「東京地検の方です。今から捜索令状をご覧いただきます」と私が言うと、大臣は沈痛な面持ちで令状を見詰めていました。

家宅捜索の担当の人たちは省内各課に入っていきました。省内にはリクルート社の人を会議の委員にしていた課もあったので、リクルート社と文部省がどういう関係があったのかを調べたのだと思います。捜索は夜遅くまでかかりました。

〈高石元次官の裁判は最高裁まで進み、平成十四（二〇〇二）年に有罪が確定した〉

この事件に関連して、大臣の西岡さんは官房長と初等中等教育局長、生涯学習局長の三人を更迭する判断をしました。

官房長の加戸守行さん、初等中等教育局長の古村澄一さんは事務次官の候補と目されていました。次官候補二人が一度にいなくなるのは文部省にとって大変なことです。省を去るときは職員が本当に残念がり、泣く人もいましたし、悲憤慷慨《こうがい》する人もいました。大変な騒ぎになりました。

リクルート事件は文部省にとって非常に大

東京地検 高石前次官を逮捕

リクルート事件

進学誌問題で便宜

江副と小林再逮捕 文部省ルート着手

労働省ルート

東京地検 加藤を

高石元次官の逮捕を伝える平成元年3月29日付秋田魁新報

きな出来事で、教育に携わる役所が家宅捜索を受けるというのは大変残念なことでした。文部省は人の道を説く役所です。気を引き締めて信頼回復に努めなければならないと、このとき強く思いました。

五日制導入に課題も

リクルート事件から文部省（現文部科学省）が落ち着くまでは時間がかかりました。総務課副長の後は教育委員会担当の地方課教育行政企画官、ＩＴ・視聴覚教育を担う学習情報課長を経て、平成四（一九九二）年七月に小学校課長に就きました。

この頃、世の中は週休二日が広がっていました。九月からは学校でも週五日制が始まり、公立学校は毎月第二土曜日を休みにすると決まっていました。

ただ完全週五日制の方向性はまだ定まっておらず、まず週五日を月二回に増やすことにしました。導入時期は「平成六年度から」という意見もありましたが、月一回が定着してからの方がいいと考え、七年度からとしました。完全五日制となるのは十四年度のことです。

五日制の走り出しはスムーズにしたかったのですが、課題もありました。私立は導入を自由にしたので、学校によっては従来の六日制を維持したのです。

すると公立と私立の学力差を心配して「公立に通うのは子どもにとって不利ではないか」と批判が出ました。公立の中にもさまざまな理由で土曜日に登校させて補習を行った学校もあります。部活動はどうするのかといった問題もありました。

昭和五十二（一九七七）年の小学校の学習指導要領改定は「ゆとりと充実」を標榜《ひょうぼう》して学習時間を削減。平成元年改定の指導要領は週五日制を見据えて作られましたが、在校時間が少なくなるため「子どもの学力は大丈夫か」「小学校は漢字の字数が増えているから学習に付いてこられない子が増えるのでは」といった指摘が出ていま

学校週5日制を迎えた小学校課長時代。課内の会議で＝平成6年

した。

　私は学力調査が必要だと考えました。かつては悉皆《しっかい》で行っていましたが、四年当時は実施していませんでした。そこで抽出方式の学力調査を復活させました。数％の抽出なのであまり世の中では話題にならなかったと思います。結果を見る限り、五日制導入による学力への影響は感じられませんでした。

大きい小野さんの力

平成六（一九九四）年に学校給食や学校保健を担当する体育局の学校健康教育課長となり、翌七年に局の筆頭課長である体育課長に就きました。体育課では、大阪府堺市の学校給食を巡って腸管出血性大腸菌Ｏ一五七による集団食中毒への対応があり、平成十四（二〇〇二）年サッカー・ワールドカップ日韓共催への準備がありました。

さらに十（一九九八）年の長野五輪に向けた施設整備や、国立スポーツ科学センターの建設計画を進める仕事がありました。当時は五輪の成績不振から、選手が科学的にトレーニングできる施設を造ろうとしていました。候補地は東京都北区にあった国立西が丘競技場の敷地です。サッカー場のほかに体育館や室内プールがありました。一般の利用者も多く、地元からは建設に反対の声が上がっていたのです。

このときに参院議員の小野清子さん（秋田市出身）に力添えをもらいました。昭和三十九（一九六四）年東京五輪の体操団体で銅メダルに輝いた小野さんは現地を視察し、日本の体操器具や設備が世界から後れを取っていること、センターを拠点に科学的トレーニングを各地に広げられることを地元の人に訴えました。きっぱりとした口調だったのを覚えています。

私も北区議会を訪れ「日本のスポーツのために必要な施設なので造らせてほしい。できるだけ地域の方にも貢献できるようにします」とお願いしました。やがて地元の理解を得られ、平成十三年にスポーツ科学センターが完成しました。トレーニングを科学的に分析する機器や診療所を備え、高地トレーニングと同じ効果が得られる低酸

政界引退時にインタビューに応じる小野さん＝平成19年

素室も設置されました。

今はナショナルトレーニングセンターもでき、西が丘地区は一大スポーツ拠点になっています。日本はいろいろな競技でメダルを取れるようになり、そこに少しでも貢献できていたのならうれしいことです。

小野さんはスポーツ振興のため、スポーツ振興投票法案（通称・サッカーくじ法案）の成立に向けても尽力されました。弁舌爽やかで行動力もある方でした。いろいろとお世話になり、コロナ下の令和三（二〇二一）年に亡くなられたのは大変ショックでした。

■改革の日々

省名に「文部」がない！

平成九（一九九七）年に総務課長に就いたころ、総理大臣の橋本龍太郎さんは行政改革や規制緩和に精力的に取り組み、省庁再編に向けても検討が進められていました。

最終的に一府二十二省庁から一府十二省庁への再編が決まり、文部省は科学技術庁と一緒になることになりました。ですが最初に発表された名称は「教育科学技術省」。それを見て「なぜ『文部』が入っていないんだ」と驚き、非常に戸惑いました。

「文部」という役所は奈良時代、藤原仲麻呂による執政が行われていたときにあり、歴史ある名称です。文部省は教育、文化、スポーツ、学術、科学技術を所管してきました。これらを「教育科学技術」という言葉では表しきれないと思いました。

「文」という字は学問や教育、文化的な活動全般を表現していると思ったので何とか残したかったのです。そこで有識者に意見を伺うと賛同してくれる大学の先生もいて、新聞に投稿をしてくれました。いろいろな意見を踏まえて最終的に「文部科学省」にすると発表があったときは安心しました。

私は十年に初等中等教育局を担当する大臣官房審議官になり、文部省としては最後となる学習指導要領改定に携わりました。これは総合的な学習の時間を初めて設けた上、教科の時間を減らしたため、いろいろな批判が出ました。

学校で決められる裁量の幅を大きくして、総合的な学習の時間は先生方が「やりたい」と思う学習活動に取り組んでもらう狙いがありました。体験的な活動や郷土学習、国際理解、環境問題—。地域や学校の

審議官時代に仙台で講演＝平成11年

特色に応じた課題を設定し、問題解決的、協働的な学習に取り組んでほしいと説明しましたが、「何をやればいいのか分からない」という声が随分ありました。

近年は先生方も経験を積まれ、総合的な学習の時間は創意工夫のある取り組みがされていると思います。

小渕総理、改革へ本気

地方課教育行政企画官だった平成二（一九九〇）年に一カ月かけギリシャ、イタリア、アメリカの小学校を視察した経験があります。大臣官房審議官だった十一年にも一カ月のアメリカ視察がありました。

回ったのはチャータースクール。保護者や教員、地域の団体が認可を受けて運営する学校です。全米に広がり日本にも有効か現場を訪ねました。ただ、地域の団体や民間企業による運営で教育の質に疑問が残りました。私は公立で地域の方も学校運営に関わるコミュニティースクールの方がよいのではないかと思いました。海外視察は日本の教育の進路を探る上で勉強になりました。

アメリカから戻ると、総理大臣の小渕恵三さんが「自分は教育をテーマにしたい」と動いていました。中曽根康弘さんが総理の時には総理直轄の組織として臨時教育審議会が法律でつくられましたが、小渕さんは私的諮問機関として総理直轄の「教育改革国民会議」を設けることにしたのです。

私は臨教審に出席した経験や小渕さんの「教育を根本にさかのぼって考えたい」との意向から、タブーなく話し合える場が必要だと思っていました。事務次官の佐藤禎一さんから「事務局に文部省（現文部科学省）からも出さなけれ

教育改革国民会議発足時の食事会で（中列左）。前列中央が小渕首相、左は町村信孝首相補佐官＝平成12年

ばならない。行ってほしい」と言われ、「行きます」と返事をしました。

十二年三月に内閣審議官（内閣内政審議室教育改革国民会議担当室長）となり、総理の下で仕事をしました。会議発足時に開かれた夕食会で小渕さんはこう切り出しました。「臨教審は教育基本法に手を付けなかった。今回は制約はない。必要なら法改正も議論してほしい」

そして「自分はこの本に大変共鳴している」と、一冊の本を配ったのです。それは秋田高校時代、鈴木健次郎校長に薦められた本でした。岩波新書の「自由と規律」です。改革実現へ総理は本気だと思いました。

「役人の作文」は駄目

教育改革国民会議は委員二十六人が任命されました。座長がノーベル物理学賞の江崎玲於奈さん、副座長が経済同友会元代表幹事の牛尾治朗さん、東工大元学長の木村孟さん。平成十二（二〇〇〇）年三月に初会合を首相官邸で開き、総理大臣の小渕恵三さんが自身の考えを語りました。

しかし、小渕さんは程なく倒れて亡くなりました。総理には元文部大臣の森喜朗さんがなり、「小渕さんの遺志を継ごう」と国民会議は継続されました。

議論を効率よく進めるため、第一（人間性）、第二（学校教育）、第三（創造性）の分科会を設立。通常の審議会では委員同士はあまり意見をぶつけ合わないのですが、この会議は「それは違うんじゃないか」と率直に言っていました。かなり濃密な会合でした。

第一分科会で事務局が議論を基に報告書案をまとめると、委員の作家・曽野綾子さんが「お役人の作文みたいなのは駄目。趣旨は分かったから私が書き下ろす」と言うのです。報告書案を手元に置き、その場でワープロで書き直しました。副座長の牛尾さんや演出家の浅利慶太さんが固唾《かたず》をのんで見守る中、どんどん書き進めていきます。作家はすごいと思いました。

曽野さんは奉仕活動の義務化を強調されましたが、国民の義務は教育、納税、勤労に限られます。「奉仕活動を大いにやらせる」まででではないかと議論しましたが、「それじゃ駄目なのよ」と怒られました。七月の第一分科会の報告書のタイトルは「日本人へ」。知識より、人としての生き方を学んでもらうのが大事だとまとめられました。

十二月二十二日、国民会議は▽奉仕活動を全員が行うよ

教育改革国民会議では事務局を務めた（中央）

うにする▽コミュニティースクールなどを設置して学校経営を変える▽大学・大学院の教育強化—といった「教育を変える十七の提案」をまとめました。その中では「新しい時代にふさわしい教育基本法を」と、教育基本法の改正にも言及したのです。

六十年ぶり改正に感慨

二十一世紀に入った平成十三（二〇〇一）年一月六日、省庁再編で文部科学省が発足しました。教育基本法改正に言及した教育改革国民会議の「教育を変える十七の提案」を受け、中央教育審議会も議論を開始。十五年三月、中教審も新時代にふさわしい教育基本法の改正を答申しました。

文科省で私は最初に文化庁次長となり、文化や芸術、文化財保護などを担当。十五年七月に教育基本法を所管する生涯学習政策局の局長に就きました。

教育基本法は教育の目的や理念、学校教育、教育行政、教員の在り方の基本を示すものです。法律が作られたのは昭和二十二（一九四七）年。もう半世紀以上が過ぎていました。それでも改正は慎重に進める必要があり、与党内に全体像を議論する協議会、細部を詰める検討会を作っていただき検討を重ねました。

協議会は約十回、検討会は約七十回開催。検討会の最初の座長は保利耕輔さんで大学のゼミのような雰囲気。次の大島理森さんは道場のようでした。練り上げた改正案は教育の目的に加え、新たに教育の目標を五項目設定しました。知育、徳育、体育の調和の取れた発達を図り、自主自律の精神や主体的に社会に参画する態度、資質能力を養うことなどをまとめました。愛国心については伝統や文化を育んでくれた郷土やわが国を愛するとともに、他国を尊重し、国際社会の平和と発展に寄与する態度を養うとしました。

　法案は森喜朗さんに続く小泉純一郎さんの内閣で十八年四月に提出。私はこのときには初等中等教

参院本会議で改正教育基本法が可決、成立し、一礼する伊吹文明文科大臣＝平成18年12月（写真提供：共同通信社）

育局長となっており、審議にも臨みました。審議時間は衆院百四、参院八十五の計百八十九時間。これほど長く時間をかけるのは珍しいことです。賛否はありましたが、十二月に安倍晋三さんの第一次内閣で成立し、二十二日に公布、施行されました。

私は十二年の教育改革国民会議発足から深く関わり、法施行は感慨深いものがありました。

税源移譲、波にのまれ

三年間の初等中等教育局長時代は重要な案件がたくさんありました。局長に就いた平成十六（二〇〇四）年は、小泉純一郎さんの内閣が国庫補助負担金の廃止縮減、税源移譲、地方交付税の見直しを一体的に行う三位一体改革を進めていました。

公立小中学校の先生の給与は義務教育費国庫負担法で、国と都道府県が二分の一ずつ負担する制度でした。政府は国庫負担をなくし、地方交付税に移す考えでした。国は教育を国民の義務としており、先生の給与も責任を負う必要があります。国が全額負担でもおかしくありません。

もし国庫負担で確保していた予算が全て地方に配分され一般財源化されてしまうと、義務教育に必要なお金が分かりにくくなってしまいます。文部科学省は全面的に反対しました。教育関係団体や都道府県の教育長会、校長会、日教組も反対。元文部大臣の有馬朗人さんやノーベル賞受賞者の小柴昌俊さんなども、義務教育費の削減につながりかねないと異を唱えました。

政府・与党が十七年秋まで待った中央教育審議会の議論も、二分の一の負担を堅持すべきだとの結論でしたが、結局は税源移譲の波を止められませんでした。国庫負担の廃止は回避できたものの、十八年度予算から国の負担割合は三分の一となりました。義務教育における国の責任を考えると誠に残念でした。

また、十八年度に小中学校の先生の勤務実態調査を四十年ぶりに行ったところ、長時間労働の実態が浮上してきました。驚きとともに、多忙化への対

地方6団体の代表から三位一体改革に伴う改革案を受け取る小泉首相（右）＝平成16年（写真提供：共同通信社）

応を考えなければと頭を悩ませました。

優秀な先生を確保するために法律では一般の公務員より先生の給与を優遇する措置が取られていますが、財政事情から差は次第に縮まっていきました。労働環境の厳しさが目立つようになってしまったと思います。

教職員の給与改善や働き方改革は今日まで続く課題であり、十分にできなかったのは大変心残りです。

■新たな道へ

まさかの未履修発覚

初等中等教育局（初中局）局長時代の平成十八（二〇〇六）年には、高校で世界史などの未履修が明らかになりました。これは驚きました。

高校の学習指導要領は平成元年の改定で世界史を必修としていました。私は高等学校課長補佐のときに携わり、教育課程審議会で高校の社会科を地理歴史科と公民科に再編し、地歴科の必修を世界史としました。さまざまな反応はありましたが、国際化が進む中では日本を含む世界の近現代史を理解する必要があるという考えからです。

指導要領の実施からは、もう十年以上がたっていたので「まさか」という思いでした。最初は富山で発覚し、調べると全国であったのです。非常に残念でした。卒業した人は仕方がないので、在学中の生徒には時間を設けて履修してもらいました。事態収拾の仕方としては強引に映ったかもしれません。

また、十八年は文部科学省にいじめによる自殺予告の手紙が届きました。夜中に記者会見を開き、思いとどまってほしいと呼びかけたこともあります。いじめ防止策としてスクールカウンセラーやソーシャルワーカーの配置などに力を注ぎました。

初中局の三年間は、教育基本法改正を受けた学校教育法、地方教育行政組織法、教職員免許法のいわゆる教育三法の改正、特別支援教育推進の法改正、認定こども園法の成立もありました。入省してから最も忙しい日々でした。近くのホテルに泊

いじめ自殺、未履修などで 教育現場混乱

5

伊吹文科相あてに届いた自殺予告の手紙のコピーと、記者会見する担当者＝11月9日、文科省

福岡県の中学2年男子生徒が10月11日、岐阜県の中学2年女子が同23日に自殺するなど、いじめが原因とみられる自殺が相次いだ。教諭の不適切な言動や教育委員会と学校の対応の甘さも露呈。全国の公私立高校では世界史など必修科目の未履修が発覚。安倍内閣の教育再生会議が対応に追われた。

平成18年の国内十大ニュースを伝える12月25日付秋田魁新報。教育現場の混乱も上位に入った

まり、睡眠が一、二時間という日も続きました。

初中局は省内で国会答弁の対応が最も多く、大臣と接する機会も多くあります。私が局長のときの大臣は河村建夫さん、中山成彬さん、小坂憲次さん、伊吹文明さんでした。皆さん事務方を信頼していただき、ありがたかったです。

十九年七月に事務次官を拝命しました。文科省の事務方としては最後のポストです。辞令には身が引き締まりました。

先生たちの努力実感

平成十九（二〇〇七）年四月に小学六年と中学三年を対象にした全国学力・学習状況調査（全国学力テスト）を行いました。学年全員を対象とした調査は四十三年ぶりです。

かつて実施した際は競争激化などから中止となりました。ところが平成十二、十三年ごろから子どもの学力低下が指摘され、十六年に公表されたＯＥＣＤ学習到達度調査（ＰＩＳＡ）では、論理的思考力を含む読解力の低下が明らかになったのです。

全国の自治体で独自の学力テストを行う動きが広まり、文部科学省として全国一斉のテストを復活させせました。教科は国語と算数・数学。先生の指導に生かしてもらうため、結果は夏休み明けには公表することにしました。ただ一回目は十月に遅れました。私はテストの実施時は初等中等教育局長。結果の発表時は事務次官でした。成績の報告を受けたときは、思わず「えっ！」と声を上げました。

〈秋田県は小学六年が国語と算数全四種類の問題で全国トップ。中学三年も国語の一種類で一位となり、数学を含む全四種類で三位以上となった〉

秋田県は学校の授業公開が盛んに行われ、先生方が日頃から切磋琢磨《せっさたくま》しています。少人数学級が広がり、図書館活動や読書指導の推進も行われています。学校と家庭の信頼関係の強さも感じられます。

私が小学校課長だった頃、子どもたちに郷土に誇りを持ってもらおうと伝統文化教育推進事業を始めました。すると秋田県はすぐに名乗りを上げて、平成八年に「ふるさと秋田の学び」という立派な指導資料を作りました。こうしたことから、学力テス

文科省の事務次官室で。平成19年には全国学力テストで秋田県の好成績の報告を受けた

トの成績は先生方をはじめ、教育に関わる皆さんの努力があったに違いないと思いました。

文科省としては、学力テストの結果を通じて全国の学力差は大きくないこと、かつてテストを実施していたときに比べて全体の学力が上がっていると分かったのはうれしいことでした。

「責任持てる？」と首相

事務次官は大臣を補佐しながら省内の調整をする役目を担います。各局の政策は局長が指揮を執り、個々の事案は課長がまとめます。次官としては広い視野から行政を見ることができました。会合は多く、当時は月曜と木曜の昼は官邸で事務次官会議があり、各省間の調整や内閣の方針の共有が図られました。

首相官邸とのやりとりもありました。次官を務めた平成十九（二〇〇七）年七月からの二年間は、官房長官だった四人のうち三人が文部大臣、文部科学大臣経験者でした。与謝野馨さん、町村信孝さん、河村建夫さんは大臣時代にお仕えしたので官邸とは連絡が取りやすかったです。周りからは「文科次官はまた官邸に行くのか」と言われもしました。

次官時代は公立学校の耐震化を急ぎました。平成七年に阪神大震災があり、学校がかなり壊れました。学校は災害などがあったときに避難所になります。全国の校舎や体育館を震度六強に耐えられる建物とする必要がありました。

〈平成十九年四月一日時点で全国の公立学校の耐震化率は小中五八・六％、高校六〇・九％など〉

この頃は学校の耐震化が政治課題の一つとなっていました。総理大臣の福田康夫さんに現状を説明に行くと「学校の耐震化は大丈夫か?」「次官、地震で校舎がつぶれたら責任を持てる?」と、落ち着いた口調と特有の間で厳しい指摘を受けました。私が「スピードアップします」と話すと、福田さんも「そうだよね」とうなずき、耐震化を加速させることにしました。

各都道府県の教育委員会には「古

取材に応じる福田首相＝平成20年（写真提供：共同通信社）

い校舎なので建て直すまで待ってほしい」というところもありました。それでも地震はいつ発生するか分かりません。耐震調査を行って危険と判断されれば速やかに補強、改築をすることとし、補助率もアップして教育委員会には対応してもらいました。今では耐震化率はほぼ一〇〇%になっています。

退官、教育方針にめど

文部科学省では教育課程の基準である学習指導要領の改定に四度関わりました。改定はほぼ十年ごとに行われます。「ゆとりと充実」を重視した昭和五十二（一九七七）年の改定以降は授業時間を少しずつ減らしてきましたが、平成二十（二〇〇八）年の改定は必要な内容は取り入れて授業時間を増やしました。

「ゆとり」がうたわれたのは知識の詰め込みが問題視されたためでした。二十年は児童生徒が学んだ知識を基に思考や判断、表現力を育て、さらに学びへの態度や意欲、関心を高められるよう改めました。重視した点の一つは言語教育。読む、書く、聞く、話すは日常生活でも大切です。国語科を中心に各教科で「言語教育の充実」にしっかり取り組むことを明示しました。体験活動も重視しました。

子どもの学力低下に対し、文科省は全国学力・学習状況調査（全国学力テスト）を始め、指導要領の改定を通じて一定の答えを出せたのではないでしょうか。教育基本法改正を受け、二十年には教育振興基本計画も作りました。国際社会で活躍できる人材育成の方向性を示せたのは良かったと思います。

私は二十一年七月で次官を退任し、最後に記者会見をしました。印象深かったことを聞かれ、文化庁次長時代に河合隼雄長官と仕事ができたことだと答えました。長官の学識もですし、その生き方は大変勉強になりました。明るくユーモアを持って前向きに物事に取り組んでいく姿は、私にとって理想像で、ご一緒できて本当に良かったと

次官退任に伴い文科省で記者会見＝平成21年

思っています。文化芸術振興基本法が成立した後、二人で全国を回ったことが思い出されました。

職員へのあいさつでは、秋田高校の校長だった鈴木健次郎先生が教職員に伝えた言葉を紹介しました。白鳥、蘆花《ろか》に入る――。鈴木先生は一人一人の仕事は目立たなくても、持ち場でしっかり仕事をすることで、波紋となって周りに影響を与えることをよく語ったそうです。私は行政官もそのように仕事に臨まなければならないし、これからもそうありたいと述べました。

東博へ、常設展示改革

平成二十一（二〇〇九）年七月に文部科学省を退官する前後数年は妻の妹と両親、私の両親が相次いで亡くなりました。妻はたった一人の妹を亡くし、介護した両親を見送り、心身ともに大変つらい思いをしました。

私も親孝行をしたいときに別れを迎えました。遠く離れて暮らすことを許してくれた両親と、定年後にゆっくり時間を共にできなかったのは悔いが残ります。長く両親の近くに住んだ妹牧子一家、帰郷して秋田大教授となった弟秋生《あきお》夫婦、東大教授の夫を残して東京からしょっちゅう秋田に帰り、両親の世話をしてくれた姉美根子には本当に感謝しています。

私は退官翌月に東京国立博物館（東博）の館長となりました。子どもの頃、父と行った秋田大の鉱業博物館が面白く、それから博物館が好きになっていました。東博で仕事ができるのはうれしかったです。

東博は日本で最も長い歴史を持つ博物館です。明治五（一八七二）年に文部省博物局が東京・湯島聖堂の大成殿で博覧会を開催。これを機に発足した文部省博物館が始まりです。戦前は宮内省（現宮内庁）が所管する帝室博物館の時期が長く、戦後に国立博物館となりました。

年四回ほど開催する特別展はすごい来場者です。私が館長になる直前の「国宝　阿修羅《あしゅら》展」は、一日当たりの来場者が一万五千九百六十人で、特別展では世界一位とイギリスの情報誌に

日中韓の国立博物館長会議に出席（右）＝平成22年

載りました。ただ常設展は来場者が少なかったので活性化が大事だと思いました。

職員の皆さんには、一番歴史がある経験や蓄積を生かし、最も新しいことにチャレンジする博物館という意識を持つようお願いしました。通年の展示は「総合文化展」とし、いつ来ても違う作品に出合えるようにしたのです。年間三百回を超える展示替えをするようにしました。合言葉は「また来ようねと言ってお客さんが帰る博物館にしよう」です。常設展の来場者は着任当初の年三十万人から、やがて百万人を超えました。

大震災、博物館が協力

平成二十三（二〇一一）年三月十一日。私は東京国立博物館（東博）の近くにある国立西洋美術館の展覧会の開会式に出席していました。そこでグラグラグラッと大きな揺れに見舞われました。東日本大震災です。ものすごい揺れで、見回すと来館者が床にうずくまっていました。

私は急いで東博に戻り、来館者の安全を確認しました。帰宅できない人たちのために休憩場所を確保し、その日は館内で一夜を過ごしました。東博は大正十二（一九二三）年の関東大震災の教訓を生かし、地震や火災に強い設計となっています。東日本大震災でも収蔵している作品は免震台に置いたり、固定したりしていたため損傷はありませんでした。

しかし東北沿岸部では津波で地元の学芸員が犠牲になり、文化財も被災しました。私は日本博物館協会の会長も務めていたので、東博と協会が一体となって被災地を支援し、文化財の搬出や復旧に当たりました。皆さんの協力があって文化財は除泥、滅菌、脱塩、脱臭などの処理を施し、安定的に保存できる状態に戻すための作業が続けられてきました。

協会では他にも地震や風水害があれば、博物館同士が協力して文化財の搬出、補修をできるよう態勢を整えています。

一方、美術品などは輸送に伴って壊れることがよくあります。しっかりと梱包《こんぽう》していなかったり、展示する際に注意を怠ったりすることが原因です。

博物館や美術館としては運送会社に技術にたけた人がいると安心です。運送会社としても技術の継承が大事なので、平成

特別展「日本国宝展」の開会行事であいさつ＝平成26年

二十四年からは日本博物館協会の主催で美術品梱包輸送技能取得士試験を始めました。東博を会場に筆記や実技試験、面接を行っています。

最高の一級は、美術品の梱包や輸送の設計ができ、作業員に必要な指導や指示ができることが条件です。輸送技術は確実に向上しています。

古里、両親、感謝胸に

東京国立博物館が所蔵する文化財は考古や彫刻、絵画、書跡、陶磁など約十二万件に上ります。一年間で公開できる日数の上限を定めた文化財もあり、保存、修復、公開をバランス良く行う必要があります。

そうした中、令和四（二〇二二）年の創立百五十周年事業では所蔵する国宝全八十九件を会期中に入れ替えながら展示する特別展「国宝　東京国立博物館のすべて」を企画しました。これはずっとやってみたかったことです。展示の日程調整は難しく、企画立案から実施まで数年かかりました。

私は準備が整った四年六月に退任し、新しい館長の下で十～十二月に特別展が行われました。十二年余り館長を務めさせてもらい、いい区切りだと思いました。それまで百四十周年特別展や「古代ギリシャ」「ポンペイ」「三国志」など関心のあった国内外の文化遺産の特別展もできて楽しかったです。令和元（二〇一九）年に国際博物館会議の世界大会を日本で初めて京都で開けたのもいい思い出です。

いま運営財団の理事長を務めている新国立劇場は現代舞台芸術を行う唯一の国立劇場です。オペラは大野和士さん、バレエダンスは吉田都さん、演劇は小川絵梨子さんという素晴らしい芸術監督が就いているので、皆さんと力を合わせて世界水準の作品を作り出していきたいです。私はグローバル展開をはじめ、マネジメントをしっかりせねばと気を引

新国立劇場運営財団の理事長室で＝令和5年5月

き締めています。

他にも全国学校図書館協議会や日本工芸会、秋田高校同窓会、秋田大、秋田公立美術大、秋田銀行「長活《い》き学校」などでもお役目をいただいています。とてもありがたいことです。

私はやりがいのある教育、文化に一貫して携わることができました。共に仕事をしてくれた皆さんに感謝しています。そして私を生み、育んでくれた両親や古里秋田、土崎、支えてくれた妻と三人の息子には感謝してもしきれません。

銭谷　眞美　略年譜

昭和二十四（一九四九）年　六月二日、秋田県秋田市に生まれる
三十一（一九五六）年　四月、秋田市立港北小学校入学
三十七（一九六二）年　三月、秋田市立港北小学校卒業
　四月、秋田大学教育学部附属中学校入学
四十　（一九六五）年　三月、秋田大学教育学部附属中学校卒業
　四月、秋田県立秋田高校入学
四十三（一九六八）年　三月、秋田県立秋田高校卒業
四十四（一九六九）年　四月、東北大学教育学部入学
四十八（一九七三）年　三月、東北大学教育学部卒業
　四月、文部省入省　大学学術局国際学術課国際学術第一係
五十　（一九七五）年　四月、管理局教育施設部助成課法規係

五十一（一九七六）年　七月、大臣官房総務課審議班
五十二（一九七七）年　四月一日、大臣官房総務課審議班専門職員
　　　　　　　　　　　四月十八日、大臣官房総務課審議班審議第三係長
五十三（一九七八）年　四月、大臣官房総務課審議班審議第二係長
五十四（一九七九）年　四月、初等中等教育局小学校教育課学校管理係長
五十六（一九八一）年　八月、三重県教育委員会指導課長
五十八（一九八三）年　十二月一日、大臣官房人事課長補佐
　　　　　　　　　　　十二月二十七日、初等中等教育局中学校課長補佐
六十　（一九八五）年　十一月十六日、初等中等教育局高等学校課長補佐
六十三（一九八八）年　六月十六日、大臣官房総務課副長（兼）能率専門官
平成元（一九八九）年　七月十六日、助成局地方課教育行政企画官
三　（一九九一）年　六月十一日、生涯学習局学習情報課長
四　（一九九二）年　七月一日、初等中等教育局小学校課長
六　（一九九四）年　七月二十五日、体育局学校健康教育課長

七　（一九九五）年　七月一日、体育局体育課長
九　（一九九七）年　七月一日、大臣官房総務課長
十　（一九九八）年　七月一日、大臣官房審議官（初等中等教育局担当）
十二（二〇〇〇）年　三月十五日、大臣官房付（兼）内閣官房審議官（内閣官房内政審議室教育改革国民会議担当室長）
十三（二〇〇一）年　一月六日、文化庁次長
十五（二〇〇三）年　七月二十五日、生涯学習政策局長
十六（二〇〇四）年　七月一日、初等中等教育局長
十九（二〇〇七）年　七月六日、文部科学事務次官
二十一（二〇〇九）年　七月十四日、文部科学事務次官退任
八月一日、東京国立博物館館長
令和四（二〇二二）年　六月十五日、東京国立博物館館長退任（名誉館長）
六月二十三日、（公財）新国立劇場運営財団理事長

現在

（公社）全国学校図書館協議会会長
（公社）日本工芸会理事長
（公財）ベルマーク教育助成財団理事長
（公財）美育文化協会理事長
（公財）日本教材文化研究財団理事長
特定ＮＰＯ法人絵本・児童文学研究センター会長
全国放送教育研究会連盟理事長
（公財）日本ナショナルトラスト副会長
（公財）産業教育振興中央会副理事長　等

あとがきにかえて

あとがきにかえて

一、この本ができるまで

この本は、秋田魁新報に令和五（二〇二三）年五月二十九日から七月九日まで四十一回にわたって連載された「〈シリーズ・時代を語る〉銭谷眞美」を一部加筆・修正し、一冊にまとめたものです。

秋田魁新報社東京支社・大石卓見さんが、私の話した内容を四十一回分にまとめて下さいました。ここに改めて出版に当たってご尽力いただきました大石卓見さん、秋田魁新報社の皆さま方に衷心よりお礼申し上げます。

二、出会った方々への感謝

人の生涯は人との出会い、関わりによって成り立っています。両親をはじめとする家族、ご指導いただいた先生、知己を得た友人、職場の上司、同僚などの皆さまがいて私がいます。こうした皆さまに、心から感謝しています。

ここでは、私を育てて下さった祖父母と両親について書いてみます。

三、豪気で孫を可愛がってくれた祖父母のこと

秋田市土崎港の「土崎みなと歴史伝承館」では、国連教育科学文化機関（ユネスコ）の無形文化遺産に登録された土崎神明社祭の曳山《ひきやま》行事と、日本遺産の北前船寄港地土崎港のにぎわい、そして終戦前夜に旧日本石油秋田製油所が標的となった土崎空襲の展示を行っています。

祖父小太郎は明治の末期にその土崎に生まれ、若くして家業銭谷工業所を継ぎました。戦前から日本石油秋田製油所の場内業務も請け負い、戦後は会社名を秋田ドラム工業株式会社とし、東北北海道唯一のドラム缶の一貫製造工場を経営していました。

母によると祖父は若い頃から男前で、「度胸」と「きっぷ」の良さで知られた人だったそうです。母はまた、祖父のように親族、従業員の面倒を見る人はいないとよく話していました。私が物心ついた頃はまだ四十代半ばで、会社経営に加え秋田市議会議員や秋田市消防団長などの地域のお役に立てる役職をいくつも引き受け、毎日元気に飛び回っていました。

私は長じて訪れた秋田のお店で、おかみさんや仲居さんに「あなたのおじいさんはとても気前のいい人だった」と話しかけられたことが何回かありました。

私たち孫は、祖父母を「おじじ」「おばば」と呼んでいました。

「おばば」と呼んだ祖母勝江も大変太腹の人で、人に何かをしてもらうと、それに倍するお礼をしないと気が済まないような人でした。家事は母に任せて一切手を出さず、日なが居間にいてタバコを吸いながら、訪ねて来るお客さんの相手をしていました。時には一、二カ月の長期にわたり、お手伝いさんを連れて上山温泉（山形県）や酸ヶ湯温泉（青森県）に逗留することもありました。三波春夫さんが大好きで、毎年夏の歌舞伎座公演は欠かさず観覧していました。

私たち孫と祖父は血縁がなく、祖母は大伯母に当たる関係ですが、二人とも一方ならず孫を可愛がってくれました。二人には一度も叱られたことはありません。よく旅行にも連れていってくれました。北海道や東京に初めて行ったのは、祖父母に連れられてのことでした。

わが家では、お正月は大みそか夕方の「年取り」の会がメイン行事でした。料理が載った家族全員分のお膳が座敷に並べられ、祖父からの「やせうま」（お年玉）がそれぞれ置かれていました。祖父と父のお話があり、やがて宴たけなわになると、祖父は幼い弟や妹を代わる代わる背中に乗せて「もしもし亀よ」と歌いながら座敷を回り、弟たちを喜ばせていました。昭和三十年代前半、日本が高度経済成長に入る前、私が小学校の頃の話です。

二つ年上の姉とは、「おじじ・おばばが元気で父母も若かったあの頃は、本当に楽しかった」とよく話しています。

四、優しかった両親のこと

父象二郎は戦後復員した後、教職の道をやめて母藤子と結婚して銭谷家の養子となり、企業人となりました。銭谷工業所を株式会社に改組したのも事実上、父のやったことでした。

一方で、父は書斎の人であり、読書やクラシック音楽を好みました。オーディオにも凝り、時々は求めに応じて哲学や仏教の話を新聞やラジオで披露することもありました。また、最低賃金審議会委員などの公務も長く務めていました。

土崎のお祭りに関しても、父が土崎神明社奉賛会長だった平成九（一九九七）年に国の重要無形民俗文化財の指定を受けることになりました。私の印象としては、にぎやかなことが好きだった祖父の方がお祭りには熱心だったと思っていたのですが、指定書交付式のため上京した父は、とても晴れがましい顔をしていたのを覚えています。平成十六（二〇〇四）年には、父は奉賛会名誉会長として文化庁長官表彰の栄に浴しました。土崎のホテルで開いていただいた祝賀会でのあいさつが、公の席での最後の機会となりました。

父が亡くなった後、書斎を見ると、父が土崎のお祭りの歴史や神事について調べた資料や原稿がたくさん残されており、大変驚きました。

祖父と父は育ちも性格も違いましたが、「新しいもの好き」「旅行好き」という点は共通していました。仲は良く、夕食後は二人で楽しそうに世間話をし、それを私たちが聞かされるのが毎日のことでした。

母藤子は、小学生の時に父を亡くして母子家庭で育ち、十二歳の時におば勝江が嫁いだ銭谷家に養女に来ました。

私は現在、母子家庭の高校生に奨学金を提供する公益財団の理事（非常勤）をしています。財団は毎年奨学生の文集を刊行しており、私も理事の一人として寄稿しています。毎回、「親思う心にまさる親心」をテーマに、母の思い出を紹介しています。

例えば、次のようなことです。

・私が就職するとき、母が「人に好かれる人になりなさい。そのためにはどんな人も嫌いだと思ってはいけない。謙虚な気持ちで人に接し、いいところを見つけなさい」と繰り返し話してくれたこと。

・人前で泣いたことのない母が、非常勤職が長かった弟から大学教員に正式採用になったとの連絡を受けた時、人前もはばからず泣いたこと。

・孫の一人が重い障害があることが分かった時、母は「障害のある子はその子を慈しんでくれる家にこそ生まれるものだ」と言い、その孫の世話を進んで行ったこと。

こうした優しい慈愛に満ちた母の思い出をつづることが、私の楽しみになっています。

五、土崎、そして家族への感謝

私は小太郎・勝江の祖父母、象二郎・藤子の両親の下、土崎の町に生まれたことに感謝しています。この本を出版したのも、祖父母と両親のことを三人の息子や二人の孫に伝えておきたいという気持ちがありました。

祖父母は昭和五十年代にともに数えの七十二歳で、両親は平成二十年代前半に、共に数えの八十九歳で亡くなりました。

私は祖父のような「おじじ」、父のような「おやじ」になりたいと思って生きてきました。なかなかそうはいきませんが。

ちなみに、私たちきょうだいは姉美根子、弟秋生、妹牧子、そして私の四人とも、夫婦ともども何とか元気に過ごしております。

私の妻は結婚するまではよく泣く優しい愛らしいお嬢さんでした。今はめったに泣くことはありません。私たち夫婦は結婚四十九年目。もうじき金婚式です。お互い体をいたわりながら、仲良く人生を送りたいと思っています。

六、おわりに

ご指導いただいた先生方やお世話になった友人、上司、同僚、知人の皆様のことももっと記したいと思っていたのですが、今はただ感謝の気持ちを表したいと思います。どうもありがとうございました。

そして、秋田魁新報社とご関係の全ての皆さまに重ねて心からお礼を申し上げて、あとがきといたします。

令和六年二月四日

銭　谷　眞　美

日本の教育と歩む

定　　価	880円（本体 800円＋税）
発 行 日	2024年4月10日
編集・発行	秋田魁新報社 〒010-8601 秋田市山王臨海町1－1 Tel. 018(888)1859 Fax. 018(863)5353
印刷・製本	秋田活版印刷株式会社

乱丁、落丁はお取り替えします。

ISBN978-4-87020-437-9　C0223 ¥800E